Facebook für Unternehmen

Facebook Marketing für Unternehmen. Wie Sie die richtige Zielgruppe erreichen, Ihre Bekanntheit steigern und Ihr Unternehmen zielgerichtet auf Facebook vermarkten.

Tom Knoche

Inhaltsverzeichnis

Vorwort

Marketing auf Facebook oder Facebook Business?
Seine Bekanntheit zu steigern, mehr Nachfrage zu generieren, den Umsatz zu steigern. Mit Unternehmenstools von Facebook ist all das möglich.

Für jedes Geschäftsziel gibt es eine Unternehmenslösung von Facebook
Ganz egal, wie oder was Sie verkaufen möchten, ob persönlich, im Onlineshop oder durch eine App: Sie sollten sich den nächsten Schritt überlegen, damit Ihr Unternehmen Schritt für Schritt weiter wächst.
Eine dieser Möglichkeiten beinhaltet der Social-Media-Kanal Facebook. Mittlerweile nutzen zwei Milliarden Menschen weltweit Facebook fast tagtäglich. Sie verbinden sich online mit Freunden und Familie und entdecken Dinge, die sie besonders interessieren.
Unternehmen können sich mit einem Marketing auf Facebook einen neuen Kundenstamm aufbauen und dauerhafte Kontakte zu ihnen pflegen.
Verschiedenste Unternehmen nutzen Facebook bereits für ihr Marketing, um einen breiteren Bekanntheitsgrad zu erhalten, Informationen für Nutzer ins Netz zu stellen, die Aufmerksamkeit zu erlangen, ihre Produkte angemessen zu präsentieren und letztendlich damit ihren Umsatz zu steigern.
Alle diese Strategien funktionieren problemlos auf allen mobilen Endgeräten. Damit werden die Informationen direkt dorthin gebracht, wo die (potenziellen) Kunden sind.
Wir leben im mobilen Zeitalter: Wichtig ist für Sie als Unternehmer daher zu verstehen, dass Smartphones und Tablets keine Fernseher im Kleinformat sind. Wenn Sie mit dem Gedanken spielen, Facebook für Ihr Marketing einzusetzen, sollten Sie damit beginnen, mobil zu denken und zu agieren.
Da die Werbelandschaft sich ständig verändert, müssen Sie zunächst Ihre eigenen Anforderungen und Bedürfnisse definieren, um eine für Ihr Unternehmen passende Strategie zu schaffen.
Die Menschen besuchen Facebook täglich, um etwas Neues zu entdecken: auch Marken und Unternehmen.
Die Einrichtung einer Seite mit einem Unternehmensprofil dauert nur wenige Minuten, dafür ist das Ergebnis auf allen Endgeräten wirklich hervorragend.
Daher sollten Sie nicht zögern, neben Ihrem Firmenauftritt per Webseite Ihr Unternehmen dort zu platzieren, wo die Menschen ihre Freizeit verbringen: auf Facebook.
Erstellen Sie mit ein paar einfachen Schritten eine Facebook-Präsenz und machen Sie sie zu einem interessanten Unternehmensauftritt, um entdeckt

zu werden, und sich mit Nutzern zu vernetzen. Mit Ihrer Facebook-Unternehmensseite können Sie direkt mit Ihren Kunden kommunizieren, ohne den Umweg über E-Mails gehen zu müssen. Sie können Informationen über Ihr Unternehmen liefern, den Kunden Ihren Service anbieten und sogar kleine Geschichten über Ihr Unternehmen erzählen.

Als Inhaber eines Unternehmens wissen Sie eines ganz genau: Das Wichtigste ist der ungebrochene Kontakt zu Ihrer Kunden beziehungsweise Ihrer Zielgruppe. Daher ist ein Auftritt in den sozialen Medien mittlerweile unverzichtbar. Eine unabhängige Studie zeigt, dass schon heute ungefähr 75 Prozent der Klein- und Mittelstandsunternehmen diese Notwendigkeit erkannt haben und zumindest eins der sozialen Medien für ihre Öffentlichkeitsarbeit nutzen. Viele davon sind sogar in mehreren Kanälen unterwegs und verknüpfen die Inhalte miteinander. Hier können Unternehmen sich einen Wettbewerbsvorteil verschaffen, durch schnelle Verbreitung im Netz einen neuen Kundenkreis zu generieren und Werbung für ihre Angebote zu machen. Eines der Wichtigsten und wahrscheinlich auch am häufigsten genutzte Netzwerk ist Facebook.

Sollten Sie mit Ihrem Unternehmen über eine Profilösung eines sozialen Netzwerkes nachdenken, so ist im Moment nur ein Tool von Facebook auf dem Markt. Dieses Netzwerk hat zwar bei Teenagern seit einiger Zeit an Bedeutung verloren, aber möglicherweise sind Teenager auch überhaupt nicht Ihre Zielgruppe. Wenn doch sollten Sie sich möglicherweise überlegen, ob ein Instagram-Account für Sie zielführender ist. Auch hierzu habe ich ein E-Book veröffentlicht. Ansonsten ist die Bedeutung von Facebook für Unternehmen weiterhin ungebrochen.
Der große Wirkungskreis und der direkte Kontakt zu Ihrer Zielgruppe machen Facebook für Sie absolut interessant. Die Facebook-Töchter WhatsApp und Instagram sind da noch nicht so weit.
Ich persönlich bin der Meinung, dass ein Facebook-Account für Sie als Unternehmer unverzichtbar ist. Machen Sie sich mit den Parametern vertraut und entscheiden Sie selbst.

Erster Abschnitt: Facebook as usual

Erstes Kapitel: Facebook: Vom Hinterzimmer zum Weltkonzern

Mark Zuckerberg, der Gründer von Facebook, studierte in den 2000ern in Harvard Psychologie und Informatik. Er fiel bereits 2003 auf, als er seine eigene Seite programmiert hatte und online stellte. Die Seite nannte er facemash.com. Vorwiegend postete er auf dieser Seite zwei zufällig ausgewählte Bilder von attraktiven Studentinnen und die Nutzer sollten entscheiden, welche wohl die Hübschere sei. Das blieb nicht lange unverborgen und Zuckerberg musste die Seite wieder abschalten: Es lag keinerlei Zustimmung der betreffenden jungen Frauen vor.

Aber er hatte mit dieser Aktion eine große Aufmerksamkeit auf sich gezogen.

Als er kurze Zeit später von Cameron und Tyler Winklevoss auf die Realisierung derer eigenen Webseite angesprochen wurde, sagte er zwar zu, arbeitete aber stattdessen in Zusammenarbeit mit seinem Kommilitonen Divya Narendra an einer neuen Seite für Harvardstudenten, mithilfe derer diese sich austauschen und Kontakte knüpfen konnten. Diese Idee entwickelte Marc Zuckerberg insofern weiter, als er unter Mithilfe von Dustin Moskovitz, Chris Hughes und Eduardo Saverin bereits am 04.02.2004 seine eigene Website online schalten konnte: thefacebook.com.
Das Motto einer offenen, globalen und vernetzten Welt, das den Gedanken eines Highschooljahrbuches verfolgte, fand rasanten Anklang bei den Harvardstudierenden, worauf Zuckerberg schon nach einem weiteren Jahr sein Konzept auch anderen Universitäten zur Verfügung stellte. Es folgten diverse gerichtliche Auseinandersetzungen, insbesondere mit den Winklevoss-Brüdern, die ihn des Ideenklaus bezichtigten. Zuckerberg verfolgte seinen Weg jedoch unbeirrt weiter. Der Mitbegründer des Musikdienstes Napster, Sean Parker, überzeugte ihn schließlich, das „the" im Namen zu streichen, um die Seite flüssiger zu benennen. Facebook war geboren.

Die Gefolgschaft Zuckerbergs wuchs schnell. Ende 2005 nutzten bereits sechs Millionen User seine Seite. Daher machte er im Jahr 2006 auch eine mobile Nutzung möglich. Gleichzeitig erweiterte er die Voraussetzungen für die Registrierung, indem die Altersbeschränkung herabgesetzt wurde. Jeder über 13 Jahren konnte dadurch ein eigenes Profil anlegen und Nachrichten verfassen sowie empfangen. Die Beschränkung auf die Zielgruppe „Studentinnen und Studenten“ war damit Geschichte.

Da nun auch jüngere Personen bei Facebook aktiv wurden, benötigte die Seite mehr Unterhaltungselemente und so gestattete er Drittanbietern, Anwendungen in Facebook einzupflegen. Durch diese zusätzlichen Anwendungen war es den Drittanbietern jedoch möglich geworden, dass die Daten der Facebook-Nutzer zu identifiziert werden, was Zuckerberg jede Menge Kritik einbrachte. Er sperrte darauf hin kurzerhand die strittigen Anwendungen und versuchte dadurch, den notwendigen Datenschutz wieder herzustellen.

Nach mehreren kleinen Updates, insbesondere hinsichtlich der mobilen Nutzung, wurde 2007 die Möglichkeit einer Fanseite eingeführt. Eine bahnbrechende Veränderung, die Marken, Unternehmen und Künstlern die Möglichkeit bot, unter eigener Administration eine geschlossene Facebook-Seite zu eröffnen. Die dort veröffentlichten Bilder und Beiträge konnten damals noch nicht direkt kommentiert und geteilt werden. Damit war der Weg für sie frei, ihren Bekanntheitsgrad um ein Vielfaches zu erhöhen. Zunächst kam Facebook nach Spanien und Frankreich und seit 2008 gibt es auch einen deutschen Facebook-Auftritt. Bereits im selben Jahr wurde die Chatfunktion eingeführt, die es erstmals ermöglichte, Nachrichten in Echtzeit zu versenden und zu empfangen und auch Unternehmen die Möglichkeit bot, direkt mit ihren Kunden zu kommunizieren. Auch andere Anbieter wurden auf den neuen Dienst in Deutschland aufmerksam und verknüpften sich gerne mit Facebook, da es auch ihren eigenen Bekanntheitsgrad steigerte. Durch entsprechende Weiterentwicklungen ist es heute möglich, sich mit seinen Facebook-Daten auch auf anderen Seiten anzumelden, ohne dort ebenfalls einen Account oder ein Konto eröffnen zu müssen.

Ein weiteres Jahr später, also 2009, wurde neben einer neu gestalteten Startseite auch der „Like-Button“ eingeführt. Mittlerweile ist es so, dass täglich etwa 2,7 Milliarden Menschen „Likes“ zu irgendeinem Beitrag hinterlassen.

Dieser kleine geschichtliche Einblick zeigt deutlich auf, in welch rasanter Geschwindigkeit Facebook sich in nur wenigen Jahren entwickelt hat. Daher war es irgendwann nur folgerichtig, dass Marc Zuckerberg mit seinem Unternehmen an die Börse wollte.
Er wagte den Sprung im Jahr 2012, doch er geriet direkt in Schwierigkeiten. Der Kurs sank und die Börsenaufsicht bezichtigte das Unternehmen, Infos

und Details verschwiegen zu haben, was zu einer Sammelklage durch diverse Kleinanleger führte. Zuckerberg, der damit nicht gerechnet hatte, arbeitete trotzdem an der Entwicklung der mobilen Version weiter, da er die Community wesentlich erweitern wollte.
Nach mehreren sinnvollen Änderungen sowohl für Android, als auch IOS-Nutzer, kam es zur Übernahme des Messengerdienstes WhatsApp. Dieser Deal kostete Zuckerberg rund 19 Milliarden Dollar.

Heute nutzen rund 1,3 Milliarden Menschen in 50 Ländern dieser Erde Facebook.
Wenn man die Zeitspanne betrachtet, in der dieses Unternehmen vom Hinterzimmer zu einem Milliarden schweren Unternehmen mutierte, kann man es kaum glauben, was in diesen wenigen Jahren geleistet wurde.

Zweites Kapitel: Welche Nutzungsmöglichkeiten bietet Facebook?

Wie ich Ihnen im vorigen Kapitel beschrieben habe, hat sich Facebook seit 2004 sehr verändert und keinen Stillstand zugelassen. Kommen wir nun zu den Möglichkeiten, die Sie persönlich haben, aus der Nutzung dieses sozialen Netzwerkes einen Mehrwert zu erzielen. Zunächst einmal sollte man Facebook in zwei Kategorien unterteilen: in eine Private und eine geschäftliche Nutzung.

2.1: Privater Account

Wenn man Facebook privat nutzt, muss man sich darüber im Klaren sein, dass man dort teilweise ungeschützt Daten veröffentlicht. Diese Daten könnten unter Umständen auch für potenzielle Arbeitgeber interessant sein. Ja, Sie lesen richtig. Es wird mehr und mehr dazu übergegangen, die Profile der Bewerber aufzurufen und die Posts zu prüfen. Werfen die Fotos und Kommentare ein eher schlechtes Licht auf den Bewerber, wird er bei der Vergabe des Arbeitsplatzes wahrscheinlich das Nachsehen haben. Es ist in nicht seltenen Fällen zu Kündigungen gekommen, weil Mitarbeiter sich bei Facebook negativ über ihren Arbeitgeber geäußert oder zweideutige Fotos eingestellt haben. Aus diesem Grunde sollte man ein besonderes Augenmerk auf die Privatsphäre-Einstellungen richten. Schließlich plaudert man im „richtigen Leben“ nicht auch gleich alle seine Geheimnisse aus, wieso sollte man es dann im Netz tun?
Ein Sicherheitsaspekt, der immer mehr in den Fokus rückt, sind die unzähligen Urlaubsfotos, die gepostet werden. Man verbringt einen

paradiesischen Urlaub und postet täglich, während zu Hause eingebrochen wird und man, wenn man wieder daheim ist, sein blaues Wunder erlebt. Diese Beispiele zeigen auf, dass die Privatsphäre-Einstellungen tatsächlich eine besondere Bedeutung haben. Gewährt man nur seinen Freunden einen Einblick ins Profil, hat man hingegen nichts zu befürchten. Vorausgesetzt, man kennt seine Freunde auch.

Facebook beinhaltet neben der Möglichkeit zu kommunizieren auch jede Menge Spiele und andere Unterhaltungsmöglichkeiten. Auch hier kann man den Zugriff auf die eigenen Daten beschränken und einzelne Anwendungen sperren.
Menschen gleicher Interessen können interne Gruppen gründen und den Zugang über einen Administrator kontrollieren. Als Mitglied dieser Gruppe ist man direkt mit einer Vielzahl von Menschen verbunden, die das gleiche Hobby haben. Je nach Beliebtheit der Gruppe ist man mit Tausenden Gleichgesinnten direkt verbunden und kann sich mit ihnen austauschen. Die Fanseiten von Künstlern sind in der Regel derart gestaltet, dass allenfalls Kommentare und „Gefällt mir" Statements hinterlassen werden können. Die Chatfunktion funktioniert aus verständlichen Gründen nicht.
Seine eigenen Kontakte kann man ebenfalls in Untergruppen einsortieren. So hat man zum Beispiel alle Beiträge von Arbeitskollegen oder der Familie auf einen Blick präsent.

2.2: Geschäftlicher Account

Wer es vorzieht, Geschäftliches von Privatem zu trennen, sollte sein Unternehmen auf einer gesonderten Seite präsentieren. Auch dem Image ist dies zuträglich, da man demonstriert, zeitgemäß und modern zu interagieren. Dies funktioniert zwar auch durch die Einrichtung einer speziellen Gruppe auf seiner privaten Seite, wo sich die Gruppenmitglieder untereinander austauschen können sowie Kommentare und Beiträge posten können. Das erfordert einen gewissen Aufwand, da Sie täglich prüfen müssen, wer wann was gepostet hat, um unerwünschte Beiträge direkt entfernen zu können.
Eine saubere Trennung gelingt am besten, wenn man eine gesonderte Seite für sein Unternehmen erstellt. Man sorgt nachhaltig dafür, dass die eigene Firma im Gespräch bleibt und der Bekanntheitsgrad sich enorm erhöht. Außerdem kann man über die eigene Firmenseite auch Aktionen veröffentlichen, auf Sonderverkäufe hinweisen oder Kundenumfragen zu bestimmten Themen, zum Beispiel einem besonderen Produkt starten.
Die Firmen in den USA sind da schon etwas weiter, als die in Deutschland. Es werden regelmäßig Gutscheine über Facebook veröffentlicht, die von Kunden direkt im Onlineshop oder in der Filiale eingelöst werden können.

Sie können sich vorstellen, dass eine solche Aktion den Kreis Ihrer Nutzer und gleichzeitig auch Ihrer Kunden enorm erhöhen wird.

Als größtes soziales Netzwerk bietet Facebook eine hervorragende Möglichkeit, seine Firma, seine Firmenphilosophie und seine Produkte zu präsentieren, und zwar mit vielen unterschiedlichen Möglichkeiten. Sie können Ihre Seite so gestalten, wie Sie mögen. Eine der einfachsten Varianten ist es, ausschließlich einen Kommentar auf der Pinnwand zuzulassen. Sie können aber auch Verlinkungen mit anderen Seiten, zum Beispiel Ihrer Firmenwebsite einstellen. Grundsätzlich gilt: Je aufwendiger die Seite ist, desto mehr muss sie gepflegt werden, was in vielen Fällen den Einsatz eines Administrators notwendig macht, der sich tagtäglich um Ihre Seite kümmert. Das können Sie selbst sein, Sie können aber beispielsweise auch einen Mitarbeiter mit diesen Aufgaben beauftragen.
Vergegenwärtigen Sie sich noch einmal die Zahlen: Laut Statistik nutzten in 2016 ca. 1,8 Milliarden Menschen weltweit Facebook täglich. Bereits 60 Millionen Unternehmen sind mit einer speziellen Firmenseite vertreten. Allein in Deutschland sind dies 30 Millionen Nutzer, die Tag für Tag auf Facebook unterwegs sind.
Was spricht also dagegen, selbst ein Teil dieser Community zu werden?

Drittes Kapitel: Die wichtigsten Gründe für Ihren Facebook-Auftritt

Es gibt verschiedene Gründe, weshalb sich die Nutzung von Facebook positiv auf Ihr Unternehmen auswirken kann. Die fünf gewichtigsten Gründe stelle ich Ihnen nun vor.

3.1: Sie erreichen ohne Umwege Ihre Zielgruppe

Als Unternehmen sollten Sie Ihre künftigen und auch die bestehenden Kunden dort abholen, wo diese sind: auf Facebook. Mit mehr als 30 Millionen Usern in Deutschland ist dies die wichtigste Onlineplattform überhaupt.
So können Sie Ihre Firma auf sympathische Art und Weise darstellen und präsentieren. Sie erhöhen damit Ihren Bekanntheitsgrad enorm und schaffen die Möglichkeit, Werbeanzeigen und Aktionen schnell und ohne großen Aufwand an Ihre Zielgruppe zu bringen.

3.2: Werbung schalten

Facebook verdient mit Werbung sein Geld. Und auch Sie können auf keine andere Weise mehr Menschen mit Ihrer Werbung erreichen, als auf diesem sozialen Netzwerk.

Die gespeicherten Daten bei Facebook machen es für Unternehmen leicht, ihre Zielgruppe genau zu definieren und entsprechende Werbeanzeigen nur den wirklich Interessierten zu übersenden. Das lohnt sich auch bei geringeren Budgets, sodass auch kleinere Unternehmen davon profitieren können.

3.3.: Kontakte pflegen

Ohne die Pflege Ihrer Kontakte läuft bei Facebook nichts. Es werden Ihnen dafür aber vielzählige Möglichkeiten geboten, die einfach sind und keinen großen Aufwand erfordern. Allein die Kommentare und Reaktionen auf Ihre Beiträge sind Gold wert und geben Ihnen, gerade wenn sie kritisch verfasst sind, ein realistisches Feedback und damit eine Information darüber, wie Ihr Unternehmen oder Ihre Produkte am Markt beurteilt werden.

Im Gegenzug dazu bieten Sie Ihren Kunden einen echten Mehrwert, wenn auch Sie als Unternehmer interessante Artikel Ihrer Nutzer teilen und somit weiter verbreiten. Ganz nebenbei erhöhen Sie damit auch Ihre eigene Präsenz.

3.4.: Ihre Inhalte verbreiten sich in Windeseile

Wenn Sie regelmäßig Beiträge auf Ihrer Firmenwebsite veröffentlichen, werden diese wahrscheinlich von Ihren Kunden auch gelesen werden. Zuverlässig kontrollieren können Sie das aber nicht. Bei Facebook existieren bestimmte Werkzeuge, mithilfe derer Sie Ihre neuen Website-Inhalte gleichzeitig auch hier bekannt machen können. Das erhöht die Zahl der Aufrufe Ihrer Webseite und animiert potenzielle Kunden sicherlich, sich Ihr Angebot etwas genauer anzuschauen.

Wenn Sie dann noch neben Ihren eigenen Beiträgen interessante Beiträge anderer Seiten teilen, vergrößern Sie noch einmal den Radius Ihrer Erreichbarkeit.

3.5.: Akquirieren Sie einen erweiterten Kundenstamm

Menschen, denen Ihre Facebook-Seite gefällt, interessieren sich in besonderem Maße für Ihr Unternehmen und Ihre Produkte. Insofern kann sie, vorausgesetzt Ihr Marketing ist insgesamt stimmig, auch für eine Gewinnung von neuen Kunden dienlich sein.

Wahrscheinlich werden Sie nicht über Nacht plötzlich Tausende von Fans oder Followern akquirieren können, aber auch einige wenige und vor allem treue Nutzer können schon dafür sorgen, dass sich Ihre Beiträge überproportional schnell verbreiten werden.

Mithilfe Ihrer Facebook-Seite verbessern Sie das Ranking Ihrer Webseite. Die gängigen Suchmaschinen gehen tatsächlich anhand der Bewegungen in den sozialen Netzwerken davon aus, dass der Inhalt für Nutzer relevant ist, und wird Ihre Firmenseite automatisch weiter vorne platzieren.
Außerdem können Sie über Facebook eine Vielzahl von statistischen Auswertungen erstellen. Das bietet Ihnen die Möglichkeit, realistische Erkenntnisse bezüglich der Zielgruppe Ihres Unternehmens in Erfahrung zu bringen. Diese Erkenntnisse können Sie für Ihr gesamtes Marketing nutzen, egal, ob online oder offline.
Last but not least ist Facebook kein Hexenwerk und Ihre Konkurrenz hat möglicherweise bereits einen Account. Sie können Facebook daher nutzen, um auch die Aktionen Ihrer Konkurrenten zu beobachten und zu analysieren. Vielleicht lernen Sie von Ihren Mitbewerbern sogar noch etwas.

Viertes Kapitel: Lohnt sich Facebook auch in der Praxis?

Wie Sie bereits wissen, wird Facebook in Deutschland mittlerweile von etwa 30 Millionen Menschen genutzt und das schon längst nicht mehr ausschließlich aus privatem Interesse.

Viele kleine Firmen und mittelständische Unternehmen beschäftigen sich daher mit beruflichen Nutzungsmöglichkeiten. Verwenden Sie bereits einen privaten Account, können Sie diesen ganz einfach von einem Beruflichen trennen. Damit gelingt es Ihnen, die Accounts sauber voneinander abzugrenzen und erleichtert Ihnen die zielgerichtete Kommunikation mit Ihren beruflichen Kontakten.

4.1.: So messen Sie Ihren Erfolg

Die Erfolge, die Sie mit Facebook erzielen, können sowohl in Qualität als auch Quantität überprüft werden. Sie erhalten eine Übersicht über die Anzahl Ihrer Nutzer und deren Kommentare, aber auch ein Blick auf die Bewegungen auf Ihrer Firmenwebseite, die durch Facebook generiert wurden, lohnt sich garantiert.

Allerdings müssen Sie ein wenig Zeit und manchmal auch etwas Geld in eine wirksame Internetpräsenz investieren. Bereits bevor Sie starten, sollten Sie sich klarmachen, wer für die Pflege Ihres Accounts verantwortlich sein soll, damit Sie Ihre Ziele auch wirklich erreichen. Eine spezielle Person hierfür kann unter Umständen hilfreich sein, zumal sich die Bekanntheit Ihres Unternehmens mit Sicherheit steigern wird, gleichzeitig sich aber auch der Pflegebedarf Ihrer Seite erhöht. Dies gilt vor allem, wenn Sie eine Kundenbetreuung per Chatfunktion einrichten wollen.

4.2.: Wie könnte Ihre Präsenz auf Facebook aussehen?

Eine klassische Lösung ist, eine spezielle Unternehmensseite auf Facebook einzurichten. Hier können Sie auf einfache Art und Weise Neuigkeiten Ihres Unternehmens oder Ihrer Produkte veröffentlichen und stellen direkt an den Likes und Kommentaren fest, ob Ihre Beiträge gut ankommen oder nicht. Über die Chatfunktion können Sie einen Kundensupport in Echtzeit anbieten.

Eine weitere wirksame Möglichkeit für Unternehmen stellt die Einrichtung einer speziellen Gruppe dar, die Sie offen oder geschlossen gestalten können. Eine offene Gruppe gewährt jedem, der Interesse hat, einen sofortigen Zugang. Bei einer geschlossenen Gruppe entscheiden Sie selbst als Administrator, wer beitreten darf und wer nicht. Gruppen eignen sich hervorragend für eventuelle Produkttests oder als Hilfeforum.

Eine werbewirksame Aktion könnte auch sein, eine oder mehrere Apps in Ihre Seite zu implementieren und deren Umfang erheblich zu erweitern. Diese Apps existieren für unterschiedliche Einsätze, von Spielen angefangen, über spezielle Werkzeuge, bis hin zu Angeboten für die Erweiterung der Facebook-Seiten Ihrer Kunden.

Sie sehen, dass die Nutzung von Facebook absolut alltagstauglich ist und auch keine speziellen informationstechnischen Spezialkenntnisse erfordert. Da zumindest in der Grundversion bis auf einen gewissen Zeitaufwand keinerlei weitere Kosten auf Sie zu kommen, spricht doch zunächst einmal nichts dagegen, es zumindest einmal auszuprobieren. Alles Weitere kommt dann fast von allein.

Fünftes Kapitel: Zehn Tipps für einen erfolgreichen Facebook-Auftritt

Man kann es nicht oft genug betonen: Facebook, das blau designte Netzwerk, ist das meist genutzte Netzwerk weltweit. Die Nutzer tauschen Informationen aus und pflegen soziale Kontakte. Auf Facebook ist fast alles möglich, sowohl auf der privaten, als auch auf der beruflichen Ebene.

Gerade deswegen und unter Einbeziehung der enorm hohen Nutzerzahlen gewinnt Facebook auch als Marketinginstrument für Unternehmen mehr und mehr an Bedeutung. Sehr viele Unternehmen nutzen bereits heute einen Facebook-Auftritt neben ihrem Internetauftritt und verbreiten ihre Inhalte (Content) dadurch sehr weitreichend und schnell. Der große Vorteil von Facebook besteht darin, direkt mit Mitbewerbern, Medienvertretern, Interessierten und Kunden in Kontakt zu kommen.
Im Folgenden möchte ich Ihnen einige Tipps mit auf den Weg geben, damit Ihre Firmenpräsenz auf Facebook erfolgreich wird. Legen wir los.

Tipp: Die Planung und Strategie für Ihren Facebook Auftritt
Wenn Sie eine gewissenhafte Planung haben, können Sie den Erfolg Ihres Facebook-Unternehmens-Auftritts wesentlich beeinflussen. Dazu sollten Sie überlegen, welche Zielgruppe Sie ansprechen möchten und was Sie dieser kommunizieren wollen. Zudem untersuchen Sie, welches Nutzungsverhalten Ihre Kunden haben. Und welche Inhalte Sprechen Ihre Zielgruppe an und wie können Sie diese Informationen, die Sie gesammelt haben, auf Ihrer Facebook-Unternehmensseite umsetzen?

Tipp: Wählen Sie einen zielführenden Namen für Ihre Facebook-Seite
Wenn Sie Ihren Unternehmensauftritt auf Facebook anlegen wollen, bietet Facebook dazu verschiedene Möglichkeiten. Sie können Ihr Unternehmen auf Facebook als ein „lokales Unternehmen oder Ort", „Unternehmen, Organisation oder Ort", „Marke oder Institution" oder als „Künstler, Band oder öffentliche Person" präsentieren. Sie können beliebig viele Seiten anlegen, die Seitenart selbst können Sie jedoch nachträglich nicht mehr ändern. Daher will die Entscheidung, in welcher Kategorie Sie sich sehen, wohl überlegt sein. Haben Sie die passende Seitenart gefunden, können Sie Unterkategorien auswählen.
Beispiel: Auf der Seitenart „Lokales Unternehmen oder Ort" können Sie unter den Kategorien „Dienstleistungsunternehmen" oder „Einzelhandel" auswählen. Im Gegensatz zur Seitenart können jederzeit geändert und den Verhältnissen angepasst werden.
Der Name Ihrer Unternehmensseite spielt eine übergeordnete Rolle. Schließlich wollen Sie auf Facebook schnell gefunden werden. Dieser Name benötigt daher eine bestimmte Aussagekraft und muss daneben auch einprägsam sein. Kurze Namen kommen dabei wesentlich besser an, als Lange. Sie werden schon von selbst darauf gekommen sein: Der beste Name für Ihre Facebook-Seite ist selbstverständlich der Name Ihres Unternehmens oder Ihrer Produkte. Auch Ihr Firmenlogo können Sie durchaus verwenden. Das erleichtert den Usern, Ihre Seite auch zu finden beziehungsweise wiederzuerkennen.

Tipp: Das Windows-Dateiformat Ihrer Unternehmensseite für Weblinks: die URL

Bei der Erstellung einer Facebook-Seite wird von Facebook selbst automatisch eine Nummer für Ihre URL vergeben. Da diese Nummer lediglich einem Algorithmus folgt, ist sie unattraktiv, weil sie sich niemand merken kann und der Wiedererkennungswert auf null sinken würde. Es empfiehlt sich daher, diese URL durch einen passenden Nutzernamen zu ersetzen. Hierbei bietet Facebook Hilfemöglichkeiten an, und zwar unter http://www.facebook.com/username. Es wird Ihnen hier ein Name vorgeschlagen. Zielführender ist es jedoch, sich einen individuellen Namen zu wählen, so kann jeder potenzielle Kunde sofort sehen, welches Unternehmen hinter dieser Seite steckt. Und das wollen Sie doch, oder? Dass Ihre Kunden Sie über eben diesen Namen mit der entsprechenden URL nicht nur bei Facebook, sondern auch in Suchmaschinen wesentlich schneller finden können.

Jeder Name darf auf Facebook nur ein einziges Mal benutzt werden. Ihren Wunschnamen können Sie aber im Hinblick auf seine Verfügbarkeit überprüfen. Waren Sie damit erfolgreich und der Name ist bestätigt, haben Sie gleichzeitig eine URL generiert: http://www.facebook.com/[Ihr Wunschname]. Diese wird im Adressfeld Ihres Browsers angezeigt, wann immer Sie sich in Ihrem Account einloggen. Veröffentlichen Sie diese URL können zusätzlich auf Ihrer Webseite oder in Ihrer E-Mail-Signatur, Sie erhöhen dadurch Ihren Bekanntheitsgrad. Schließlich schauen sowohl eigene Kontakte als auch Medienvertreter zuerst bei Facebook nach. Wenn Sie Ihre URL schon bereitwillig veröffentlicht haben, wird Ihr Profil auch aufgerufen.

Tipp: Die Facebook-Seite mit Inhalt füllen

Bevor Sie Ihre Facebook-Seite online schalten, sollten Sie überprüfen, dass sie auch mit allen wichtigen Informationen gefüllt ist. Schauen Sie sich noch einmal den 1. Tipp an, denn je genauer Ihnen Ihre Zielgruppe bekannt ist, desto effektiver können Sie auf Ihrer Seite durch zielgerichtete Inhalte, Bilder, Links und Videos für sich und Ihre Seite Aufmerksamkeit erregen. Fotos und Videos werten Ihre Seite optisch wesentlich auf, da sie visuelle Reize bieten und einfacher zu erfassen sind, als ein ellenlanger Text. Fast alles ist erlaubt. Sie können zum Beispiel Fotos Ihrer Produkte, Ihr Firmenlogo oder Bilder des Vorstandes beziehungsweise der Geschäftsführung online stellen, auch raffiniert produzierte Imagefilme, Produktvorführungen oder Interviews können die Wertigkeit Ihrer Seite erhöhen. Unter dem Punkt „Info“ sollten Sie etwas ausführlichere Informationen zu Ihrem Unternehmen platzieren und den Link zu Ihrer

Firmenwebseite hinterlassen. Pressemitteilungen, Interviews oder Ähnliches setzen Sie unter dem Punkt „News".
Ein passendes Profil- und Titelbild rundet zum Schluss Ihren Facebook-Account ab. Aufgrund des Wiedererkennungswertes eignet sich das Logo Ihres Unternehmens oder Ihres Produkts ganz besonders. Aber das schönste und originellste Foto nützt Ihnen nichts, wenn die Bildqualität nicht stimmt. Mit einem qualitativ hochwertigen Foto demonstrieren Sie unter anderem auch die Professionalität Ihres Unternehmens und werten Ihre Seite nicht unmaßgeblich auf. Facebook ist ein visuelles Netzwerk. Nichts ist schlimmer, als ein schlecht geschossenes und verpixeltes Foto, auf dem man nichts erkennt. Ein nettes Gimmick ist zum Beispiel, eine Unterseite mit bestimmten Produkten, Ratespielen oder Spielen. Eines dürfen Sie aber niemals vernachlässigen: Platzieren Sie die URL Ihrer Firmenseite immer an einem exklusiven Platz, sodass sie auf den ersten Blick zu sehen ist.
Füllen Sie Ihre Facebook-Seite immer vollständig aus. Das informiert Ihre Besucher umfassend und diese müssen nicht mehr nach zusätzlichen Informationen suchen oder sogar fragen. Das Internet ist schnelllebig: User klicken eine Seite sehr schnell weg, wenn sie die erwünschten Infos nicht auf Anhieb finden. Außerdem ist Ihre Facebook-Seite das Aushängeschild Ihres Unternehmens und quasi Ihre Visitenkarte. Für Ihr Image ist daher eine hochwertige Präsenz unverzichtbar.

Tipp: Legen Sie sich mehrere Seiten auf Facebook an
Mit den ersten vier Tipps wird es Ihnen sicherlich mittlerweile gelungen sein, Ihre Facebook-Seite zu erstellen. Wenn Sie mögen, können Sie nun noch weitere Seiten für Ihr Unternehmen oder für einzelne Produkte erstellen. Insbesondere für einzelne Produkte lohnt sich eine gesonderte Seite, da diese noch zielgerechter für Ihre jeweiligen Kundenstränge einwirken kann.

Tipp: Verwenden Sie bestimmte Keywords bei allen relevanten Texten
Das funktioniert genauso, wie auf Ihrer Firmenwebseite. Verwenden Sie Schlüsselwörter, sogenannte Keywords, in Ihren Texten, so sorgen Sie dafür, dass Ihre Facebook-Seite in den Ergebnissen der großen Suchmaschinen wesentlich weiter vorne rutscht und daher von potenziellen Kunden oder Interessenten auch besser gefunden werden kann. Sie sollten sich hier ein wenig Zeit nehmen, um die geeigneten Keywords auch zu finden. Sie sollen Ihr Unternehmen bestmöglich repräsentieren. Lassen Sie dabei Vorsicht walten und denken Sie nicht ausschließlich an Suchmaschinen, wenn Sie Ihre Texte und Keywords erstellen, sondern in erster Linie an die Leser, Interessenten und Kunden. Genau für diesen Personenkreis ist Ihre Seite schließlich bestimmt.

Tipp: Binden Sie auch andere Social Media Profile auf Facebook ein
Wenn Sie noch auf anderen sozialen Netzwerken unterwegs sind, sollten Sie das auch auf Ihrer Facebook-Seite deutlich machen und entsprechend einbinden. Verfügen Sie zum Beispiel über ein Twitter-Profil, können Sie dies ebenfalls auf Ihrer Facebook-Seite verlinken. Dazu müssen Sie einfach nur den Begriff „Twitter" in die Suchfunktion bei Facebook eingeben und den Anweisungen, die sich dann öffnen, folgen. Ihre Tweets werden dann automatisch auf Ihrer Facebook-Seite angezeigt. Auch andere Social Media Profile lassen sich so ganz einfach hinzufügen.

Tipp: Wie gewinne ich Follower und Fans?
Wenn es Ihnen gelingt, einen Teil der zahlreichen Facebook-Nutzer auf Ihre Seite aufmerksam zu machen, so können diese durch das Anklicken des „Gefällt mir"-Buttons, also dem großen blauen Daumen, zu Fans werden. In dem Fall werden Sie ab sofort über alle Aktualisierungen und Aktionen auf Ihrer Facebook-Seite informiert. Zu Anfang sollten Sie Geschäftspartner, Freunde, Bekannte oder Kunden auf Ihre Seite einladen und sie bitten, Ihren Beitrag zu liken. Von immanenter Bedeutung ist dabei jedoch, dass Sie Ihre Seite regelmäßig aktualisieren. Je mehr Likes Sie dafür bekommen, desto wirkungsvoller machen Sie auf sich aufmerksam und steigern damit die Anzahl Ihrer Fans erheblich.

Tipp: Aktualisieren Sie regelmäßig Ihren Status
Veröffentlichen Sie regelmäßig Statusmeldungen auf Ihrer Facebook-Seite. Dabei ist es egal, ob es sich um aktuelle Informationen, Pressemitteilungen oder Fachartikel handelt. Ihre Fans erhalten unmittelbar eine Nachricht über Ihr Update und können die Statusmeldungen direkt an Ihre eigenen Freunde weiterleiten. Die Reichweite Ihrer Informationen wird sich dadurch automatisch erhöhen und es entsteht ein viraler Effekt.

Tipp: Demonstrieren Sie Ihre Fachkompetenz
Soziale Netzwerke leben von einer gegenseitigen Kommunikation und dem Austausch von Informationen. Facebook-Nutzer werden schnell Kommentare auf Ihre Beiträge hinterlassen oder Fragen zu Ihren Texten, Fotos oder Videos stellen. Reagieren Sie zeitnah darauf und treten Sie mit Ihren Nutzern in einen aktiven Dialog. Demonstrieren Sie Ihr Fachwissen auch in themenrelevanten Gruppen. So machen Sie auf jeden Fall auf sich aufmerksam und gewinnen weitere Fans.
Wenn Sie diese Tipps beherzigen, kann die Nutzung der sozialen Netzwerke den Bekanntheitsgrad Ihrer Firma oder Ihres Produktes entscheidend erhöhen. Eine Präsenz auf verschiedenen sozialen Netzwerken kann daher

sinnvoll sein. Sie binden Ihre Bestandskundschaft enger an sich und im besten Fall gewinnen Sie neue Kunden dazu.

Zweiter Abschnitt: Facebook Business

Erstes Kapitel: Einführung in Facebook Business

Vor einiger Zeit wurde von Facebook selbst der Business-Manager eingeführt. Zurzeit ist er noch frei wählbar, man kann aber davon auszugehen, dass es er über kurz oder lang für alle gewerblichen Facebook-Seiten und Werbekonten zur Pflicht wird. Der Business-Manager bietet Unternehmen einige entscheidende Vorteile. Hier können Sie zentral Ihre Seiten, Werbekonten, und auch die Personen, die Sie für die Bearbeitung des Accounts eingesetzt haben, verwalten.

Den Business-Manager erreichen Sie über die Internetadresse business.facebook.com. Dabei werden Sie feststellen, dass er nicht in der üblichen Farbe Blau, sondern in dezentem Grau gestaltet ist. Wirkt vielleicht etwas seriöser, ist aber wichtig, um beide Anwendungen auf den ersten Blick unterscheiden zu können und zu wissen, auf welcher Anwendung man sich gerade betätigt.
Wenn Sie sich in den Business-Manager einloggen, sehen Sie direkt im oberen Bereich eine Übersicht über Ihre Gesamtausgaben und Impressionen. Gleichzeitig sehen Sie dort auch, ob und wie viele Werbekonten Sie eröffnet haben.
Im Prinzip sind zwei unterschiedliche Dinge zu beachten: Sie können Zugriff beantragen und / oder Elemente beanspruchen. Einen Zugriff zu beantragen signalisiert Facebook, dass Sie an der bestimmten Seite mit exakt dem bestimmten Werbekonto arbeiten möchten. Dies ist von Vorteil, wenn Dritte, zum Beispiel eine Werbeagentur oder externe Berater Zugriff auf Ihre Seite erhalten sollen. Beanspruchen Sie hingegen ein Element, heißt das, dass Ihnen sowohl die Seite, als auch das Werbekonto gehört. Der Zugang externer Personen wäre dann nur über Ihren Account mit Ihrem Passwort möglich. Sollten Sie also mit Beratern oder Agenturen zusammenarbeiten wollen, sollten Sie die Möglichkeit „Zugriff beantragen“ wählen. Sind Sie sich sicher, dass lediglich Sie selbst oder Mitarbeitende Ihres Unternehmens Zugriffsrechte erhalten, wählen Sie die Option „Element beanspruchen“.
Fangen wir mit Letzterem an, weil diese Beanspruchung sicherlich am häufigsten vorkommt. Dafür rufen Sie den Namen Ihres herkömmlichen Facebook-Accounts auf. Nachdem sich die Seite geöffnet hat, klicken Sie rechts unten die Funktion „Seite beanspruchen“ an und legen den Namen des Administrators fest. Dadurch ist der Vorgang automatisch beendet und Sie können Ihre „normale“ Facebook-Seite direkt in den Business-Manager

übernehmen. Ähnlich funktioniert das auch mit einem Werbekonto. Der Unterschied ist, dass Sie dort Ihre Werbekonto-ID eingeben müssen.
Bei der Option „Zugriff beantragen“ können Sie auswählen, welche einzelnen Rollen Sie für diese Seite festlegen möchten. Sie können verschiedene Rollen, wie zum Beispiel die Rolle eines Seitenadministrators, Seitenredakteurs, Seitenmoderators oder Seitenanalysten festlegen. Wählen Sie die Funktionen einfach entsprechend aus. Die Verteilung der Rollen macht es sehr einfach möglich, in einem Team an der Seite arbeiten zu können, indem die Teammitglieder jeweils nur die Berechtigung für bestimmte Tätigkeiten erhalten.
Seiten und Werbekonten sind in der Übersicht ganz einfach zu unterscheiden: Werbekonten sind durch ein Megafon gekennzeichnet, Seiten hingegen mit einer Flagge. Beide Symbole sehen Sie auch in Ihrer Übersicht. Wollen Sie eine Vielzahl von Seiten und Werbekonten verwalten, können Sie einen Filter auswählen beziehungsweise per Suchfunktion nach einer bestimmten Seite oder einem Werbekonto suchen. Dies wird in der Übersicht entsprechend synchronisiert. Befinden Sie sich gerade auf Ihrem herkömmlichen Account und wollen eine Ihrer Seiten im Business-Manager verwalten, werden Sie derzeit von Facebook automatisch aufgefordert, die Anwendung zu wechseln. Mit einem einfachen Klick auf die Aufforderung gelingt dieser Wechsel ganz schnell. Sie können nun Ihre Facebook-Seite wie sonst auch verwalten und haben daneben Zugriff auf alle Nachrichten, Benachrichtigungen und Statistiken. Das klingt zunächst etwas verwirrend, aber Sie werden schnell feststellen, welche Vorteile Facebook-Business bietet.

Vorteil Nr. 1: Zunächst einmal wird dieses Tool von Facebook den Werbetreibenden und Unternehmen kostenfrei zur Verfügung gestellt.

Vorteil Nr. 2: Mit diesem Tool verwalten Sie Ihre Konten mit größtmöglicher Datensicherheit, da Sie einzelnen Personen einzelne Zugriffsrechte zuweisen können.

Vorteil Nr. 3: Sie sind immer genau im Bilde, welche Person welche Zugriffsrechte auf Seiten und Konten hat und wissen daher zu jeder Zeit, wer für bestimmte Aktionen die Verantwortung trägt.
Einzelne Personen können in dieser Anwendung jederzeit hinzugefügt oder entfernt werden.

Vorteil Nr. 4: Es erfolgt eine saubere Trennung zwischen privatem und beruflichem Account. Sie müssen noch nicht einmal mit den Personen, die Zugriffsrechte erhalten haben, auf Facebook befreundet sein.

Der größte Vorteil ist die zentrale Verwaltung aller Facebook-Konten:

- Erstellen und Verwalten mehrerer Elemente wie zum Beispiel einer Facebook-Seite, eines Instagram-Kontos, einer Zielgruppenliste oder eines Produktkataloges an einer zentralen Stelle und aus einer Hand
- Ausüben einer Kontrollfunktion über den Nutzerzugriff und die Berechtigungen für alle Personen, die mit den Werbekonten, Seiten und Apps zu tun haben
- Zentrale Verwaltung der Eigentümer von Elementen und Rechten
- Effizientere und umfassendere Übersicht über alle Werbeanzeigen auf Facebook und Instagram mithilfe einfacher Übersichten und Detailansichten der Anzeigen, Fotos und Videos

Diese Vorteile sind nahezu unschlagbar und werden Sie sicherlich schnell überzeugen, bei Facebook-Business einzusteigen.
Was ich Ihnen hier im Schnelldurchlauf als ersten Überblick veranschaulicht habe, werden wir im nächsten Kapitel Schritt für Schritt durchgehen, damit Ihnen der bestmögliche Erfolg auf Facebook-Business sicher ist.

Zweites Kapitel: Ein Schritt nach dem anderen

Schritt 1: Registrieren Sie sich bei Facebook oder loggen Sie sich in Ihr Benutzerkonto ein

Facebook verlangt ausnahmslos, dass man einen Business-Account nur dann anlegen kann, wenn man bereits eine private Seite hat. Wenn Sie auf Facebook noch nicht unterwegs sind, müssen Sie dort zunächst ein Konto registrieren. Haben Sie einen Account, loggen Sie sich zunächst dort ein.
Es ist eigentlich selbstverständlich, dass Ihre Mitarbeiter ihren eigenen Account nicht für berufliche Zwecke nutzen möchten, und sich wahrscheinlich dafür entscheiden werden, sich ebenfalls einen zweiten Account anzulegen, um die Firmenseite betreuen zu können. Beachten Sie bitte, dass die Facebook-Richtlinien es ausdrücklich verbieten, dass eine Person mehrere Accounts anlegt, um sogenannte „Fake“-Accounts zu vermeiden.
Sie können Ihre Mitarbeiter aber beruhigen. Zur Wahrung ihrer Anonymität ist es möglich, alle beruflichen Mitteilungen auf Facebook im Namen der Unternehmensseite zu posten und damit als Person anonym zu bleiben.

Schritt 2: Eine Unternehmensseite erstellen

Wenn Sie auf das kleine Dreieck oben rechts im Menü Ihrer Facebook-Seite klicken, können Sie das Menü „Seite erstellen“ öffnen.

Wählen Sie eine Kategorie für Ihre Seite, indem Sie eines der sechs Auswahlfelder anklicken. Dadurch spezifizieren Sie Ihre Seite noch weiter. Wahrscheinlich bietet es sich an, die Bezeichnung „Lokales Unternehmen" zu wählen, wenn Sie sich im stationären Einzelhandel betätigen oder eine bestimmte Adresse in den Vordergrund stellen wollen. Die Bezeichnung „Unternehmen" ist die richtige Auswahl für alle anderen Unternehmen und Organisationen. Die Auswahl „Marke oder Produkt" ist nur dann sinnvoll, wenn Sie eher Ihre Marke oder ein bestimmtes Produkt in den Vordergrund stellen wollen, anstatt des gesamten Unternehmens. Am Rande erwähnt ist es darüber hinaus auch möglich, die Seite auch einer öffentlichen Person, einem Unterhaltungsprodukt, wie zum Beispiel einem Buch, Film oder einer Radiosendung sowie einem gemeinnützigen Zweck zu widmen.
Wenn Sie die Bezeichnung des Kontos festgelegt haben, können Sie Ihrer Seite einen Namen geben. Der Name Ihres Unternehmens bietet sich hier natürlich an, es kann aber auch ein anderer Name sein, wenn Sie das wünschen.

Schritt 3: Wie ist eine Facebook Seite aufgebaut

Haben Sie einen passenden Namen gefunden und eingegeben, öffnet sich eine noch komplett leere Seite: Ihre Unternehmensseite.
Es öffnet sich ein Menü, wie Sie es von Ihrem privaten Facebook-Account bereits kennen. Nach den gleichen Regeln verwalten Sie auch Ihre Unternehmensseite. Dann folgen Sie den zurzeit noch unbeschriebenen Feldern und wählen ein passendes Titelbild. Auf der linken Seite können Sie das Menü einsehen, welches später Ihren Besuchern helfen soll, sich auf Ihrer Seite zu orientieren. Wenn Sie mögen, haben Sie aber auch die Möglichkeit, die Menüpunkte, die für Sie unerheblich sind, auszublenden. Mittig auf Ihrer Seite sehen Sie das Feld, in welchem Sie Beiträge, Werbungen oder Veranstaltungen bzw. Aktionen veröffentlichen können.

Schritt 4: Schränken Sie Ihre Sichtbarkeit während der Bearbeitungszeit ein

Um während der Bearbeitungszeit ungestört an Ihrer Seite arbeiten zu können, sollten Sie zunächst die Sichtbarkeit Ihrer Seite beschränken. Dazu gehen Sie im Menü auf „Einstellungen" und klicken die Anwendung „Allgemein" an. Dort ist es möglich, die Seite vorübergehend nur für Sie und Ihre Administratoren sichtbar zu machen.

Schritt 5: Geben Sie die wichtigsten Informationen an

In Abhängigkeit der von Ihnen gewählten Kategorie sollten Sie nun beginnen, alle wichtigen Informationen über Ihr Unternehmen einzutragen. Zum Teil sind diese Informationen sogar verpflichtend vorgeschrieben.

Dabei handelt es sich im Wesentlichen um die Pflicht, ein Impressum anzugeben. Die wichtigsten Informationen einzugeben, gelingt Ihnen am einfachsten, indem Sie im Menü die Auswahl „Seite“ anklicken und im Untermenü „Info“ auswählen. Dieser Menüpunkt befindet sich im linken Bereich Ihrer Seite.
Wenn Sie es vorziehen, die einzelnen Menüpunkte nicht zu nutzen, können Sie diese im Bereich „Einstellungen“ und „Seite bearbeiten“ jederzeit deaktivieren.
Geben Sie nun eine möglichst exakte Beschreibung Ihres Unternehmens an. Denken Sie an alle Eckpunkte und Keywords, die Sie ja bereits im Vorfeld festgelegt haben. Nur so stellen Sie sicher, dass Interessenten Sie unter der Vielzahl der Unternehmensseiten überhaupt auffinden können.

Schritt 6: Fotos für den Header und das Profil auswählen und hochladen
Facebook lebt, wie die anderen sozialen Netzwerke auch, von visuellen Reizen. Daher sollten Sie im ersten Schritt ein adäquates Profilbild auswählen, um Ihre Seite auch mit Leben zu füllen.
Dabei müssen Sie peinlich genau auf die korrekten Maße achten. Fotos werden auf Facebook spätestens, wenn Sie sie hochladen, auf ein quadratisches Format zugeschnitten. Ihr Foto sollte daher eine Größe von ungefähr 180 x 180 Pixeln haben. Wenn Sie eines haben, bietet sich hier das Logo Ihrer Firma an.
Im Gegensatz zum Profilbild wird das Titelbild rechteckig dargestellt und sollte eine Mindestgröße von 828 x 315 Pixeln haben. Da das Titelbild in der Regel das erste Element darstellt, welches die Besucher von Ihrer Facebook-Seite wahrnehmen, sollten Sie bei der Auswahl eine besondere Sorgfalt an den Tag legen und ein wirklich aussagekräftiges Foto wählen.
Bitte achten darauf, dass das Profilfoto in der mobilen Ansicht in der Mitte Ihres Titelbildes platziert ist und nicht das Profilbild.
Wenn Sie später einmal die Bilder verändern möchten, können Sie dies jederzeit tun, indem Sie jeweils auf das Kamerasymbol im Profil- oder Titelbild klicken und aus Ihrer Fotoauswahl ein Neues hochladen. Am Anfang würde ich jedoch nicht dazu raten, da diese Aktion den Wiedererkennungswert erheblich schmälern würde.

Schritt 7: Wenn Sie weitere Nutzer hinzufügen möchten
Sollten Sie sich dazu entschieden haben, auch Kollegen und Mitarbeiter mit der Verwaltung Ihrer Seite zu beauftragen, können Sie im Menüpunkt „Einstellungen“ und „Rollen für die Seite“ entsprechend vielen Nutzern verschiedene Bearbeitungsrechte zuweisen. So ist es möglich, dass parallel zu Ihnen auch andere Personen mit und in Ihrer Seite arbeiten können.

Schritt 8: Auch andere Einstellungen können nützlich sein
Schauen Sie sich den Menüpunkt „Bevorzugte Seitenzielgruppe“ an. Dort können Sie zum Beispiel genau Ihre Zielgruppe definieren. Sie schränken Ihren Radius damit bei Weitem nicht ein, sondern geben Facebook damit die Möglichkeit, Ihre Beiträge und Fotos vor allem an besonders interessierte Nutzer weiterzuleiten.
Dabei können Sie zum Beispiel die Orte, Alter und Geschlecht, die bevorzugte Sprache oder Nationalität sowie besondere Interessenlagen auswählen, um die Menschen, die zu Ihrer Zielgruppe gehören sollen, bestmöglich zu beschreiben.
Darüber hinaus haben Sie die Möglichkeit, Ihrem Profilbild einen aussagekräftigen Benutzernamen zu erteilen. Dieser Benutzername wird Ihrer Facebook-URL hinzugefügt, wodurch diese aussagekräftiger wird und damit besser gefunden werden kann.

Schritt 9: Veröffentlichen Sie Ihre ersten Inhalte
Bevor Sie versuchen, Fans zu gewinnen, sollten Sie Ihre ersten Inhalte bereits veröffentlicht haben. Sie können Fotos zum Beispiel von Produkten oder Ihrem Unternehmen posten oder aber Links mit interessanten Inhalten. Ihre Seite wird so lebendig und für Nutzer interessant.
Ideal wäre es an dieser Stelle, Beiträge aus einem Blog zu verwenden oder Links zu den Produkten Ihres Unternehmens zu verwenden. Jetzt wird es aber langsam Zeit, aus dem Schatten des Bearbeitungsmodus zu treten und Ihre Seite für Nutzer zugänglich zu machen.

Schritt 10: Jetzt sollten Sie Ihre Seite veröffentlichen
Wenn Sie alle grundlegenden und relevanten Informationen eingegeben haben und Ihre Seite die ersten Inhalte enthält, können Sie sie über „Einstellungen“ und „Sichtbarkeit“ der Öffentlichkeit Ihre Seite zu präsentieren.

Schritt 11: Ist Ihre Seite online, müssen Sie sie auch bekanntmachen
Damit der Kreis der Fans auf Ihrer Seite auch schnell wächst, können Sie auf verschiedene Arten damit beginnen, sie bekannt zu machen:
Am einfachsten und schnellsten funktioniert das, indem Sie Freunde, Familienmitglieder oder Geschäftspartner über Ihre Facebook-Seite einladen, sie mit einem „Gefällt mir“-Button zu markieren.
Kollegen und Mitarbeiter auf die Seite aufmerksam zu machen und zu bitten, die Seite zu liken, ist ebenfalls ein erster, einfacher Schritt um Ihre neue Seite im Netz bekannt zu machen.
Außerdem können Sie Social Media Buttons auf Ihrer Firmenwebsite und in der Signatur Ihrer E-Mails hinterlassen, um damit zu erreichen, dass Ihre

Bestandskundschaft auf Ihre Facebook-Seite aufmerksam wird und diese besucht.
Hat Ihr Unternehmen ein hohes Aufkommen an Kundenkontakten, könnten Sie beispielsweise auch mit Aufklebern auf Ihren Facebook-Account hinweisen. Auf jeden Fall gehört ein Hinweis auf Flyer, Handzettel und sonstige Werbemittel.
Eine weitere Möglichkeit Ihren Radius zu erweitern, besteht darin, entsprechende Werbeanzeigen zu schalten. Dies können Sie in der Tagespresse tun (jetzt auch auf Facebook...), aber auch auf Facebook selbst. Schalten Sie Werbeanzeigen mit dem Ziel „Bekanntheit".
Ihr primäres Ziel sollte jedoch nicht sein, so viele „Gefällt mir"-Angaben wie möglich zu bekommen, sondern sich eine aktive und an Ihrem Unternehmen tatsächlich interessierte Fangemeinde aufzubauen.
Dabei ist eine entsprechende Veröffentlichung auf Ihrer Unternehmensseite ebenfalls von enormer Bedeutung, damit Ihre interaktive Facebook-Seite sich zum zentralen Anlaufpunkt für Fotos, Videos, Veranstaltungen, Aktionen und andere Informationen zu Ihrem Unternehmen entwickelt.
Letztendlich verfolgen Sie damit ein Ziel: Mithilfe dieses nützlichen Werkzeuges, interessierte Nutzer über Ihren Facebook-Account auf Ihre originäre Unternehmensseite umzuleiten.

Drittes Kapitel: Erstellen Sie einen Plan für Ihre Werbeanzeigen

Auf Facebook können Sie auf zweierlei Weise Werbeanzeigen erstellen. Im Backend finden Sie die Möglichkeit, den Werbeanzeigenmanager und den Power-Editor zu nutzen. Beide sind gleichermaßen geeignet und beide finden Sie im Menü des Business-Managers, den Sie benötigen, um Ihre Unternehmens- und Werbeseiten zu managen.
Grundsätzlich können Sie es sich aussuchen, ob Sie eher den Werbeanzeigenmanager oder den Power-Editor für die Erstellung von Anzeigen verwenden möchten, ich empfehle Ihnen allerdings den Power-Editor. Dieses Tool bietet Ihnen den Vorteil, dass Sie alle Elemente erst einmal vorbereiten können und sie erst, wenn alles fertig ist, insgesamt online stellen. Im Werbeanzeigenmanager hingegen wird online gearbeitet, was bedeutet, dass jede Änderung, die Sie eingeben, sofort zu sehen ist. Der Power-Editor bietet Ihnen darüber hinaus noch die Möglichkeit Anzeigengruppen und Anzeigen in nur wenigen Schritten zu duplizieren, oder sogar mehrere Anzeigen gleichzeitig zu bearbeiten. Effizienter geht es nicht.

Zur Analyse Ihrer Aktionen bieten beide Anwendungen wirklich praktische Ansichten an.
Ich rate Ihnen, sowohl den Werbeanzeigenmanager als auch den Power-Editor einmal auszuprobieren, um herauszufinden, was Ihnen mehr liegt. Möglicherweise können Sie dann je nach Bedarfslage das eine oder andere Tool verwenden.
Der Power-Editor scheint mir für eine Unternehmenslösung am geeignetsten. Zunächst aber zum Werbeanzeigenmanager.

3.1.: Der Werbeanzeigenmanager

Mit diesem Tool können Sie Anzeigengruppen und Werbeanzeigen auf Facebook aufrufen und bearbeiten, und zwar sowohl auf einem Computer als auch auf einem mobilen Endgerät. Die App können Sie sich sowohl bei Android, als auch bei IOS laden.
Mit dem Werbeanzeigenmanager können Sie über den Menüpunkt "Erstellung einer Werbeanzeige" Ihre Werbeanzeigen erstellen. Aber eines nach dem anderen. Zunächst wählen Sie Ihr Marketingziel: die Personengruppe, die Sie erreichen wollen, die Orte, wo Ihre Werbeanzeige präsentiert werden soll und das Format Ihrer Anzeige.

Benennen Sie eine Werbeanzeigengruppe

Fügen Sie neben „Name der Anzeigengruppe" entweder einen individuellen Namen für Ihre Anzeigengruppe hinzu oder verwenden Sie stattdessen den angezeigten Standardnamen.

Wählen Sie Ihre Seite aus

Sie werden nun gebeten, die entsprechende Seite hinzuzufügen. Alternativ können Sie auch zum Abschnitt Zielgruppe gehen. Falls Sie unterschiedliche Anzeigen für mehrere Facebook-Seiten erstellen wollen, fangen Sie mit einer beliebigen Seite an.

Wähle Sie Ihre Zielgruppe

Spätestens jetzt gehen Sie zum Abschnitt Zielgruppe und geben hier die Einzelheiten der jeweiligen Zielgruppe ein. Sie können für jede Zielgruppe bestimmte Merkmale festlegen und sie dadurch in Kategorien zum Beispiel nach Alter, Geschlecht, Interessen einteilen.

Wählen Sie die Platzierung für Ihre Werbeanzeigen aus

Im Abschnitt Platzierungen legen Sie fest, an welcher Stelle Ihre Werbeanzeige auf Facebook aber auch beispielsweise bei Instagram erscheinen soll. Wählen Sie „Automatische Platzierungen" aus, erscheinen Ihre Anzeigen dort, wo Facebook selbst die beste Wirkung auf die Nutzer erwartet. Sie können die Platzierung aber auch selbst aussuchen. Dazu wählen Sie den Punkt „Platzierungen bearbeiten“ aus.

Legen Sie das Budget und einen Zeitplan fest
Im Menüpunkt „Budget & Zeitplan“ können Sie die Höhe des Budgets sowie einen Zeitplan für Ihre Werbeanzeigen festlegen.

Nun erstellen Sie Ihre Werbeanzeige
Wählen Sie dazu zunächst ein Format aus. Zur Auswahl stehen die Formate Carousel, Single Image, Single Video, Slideshow oder Canvas. Probieren Sie ruhig einmal alle Formate aus, bevor Sie sich für eines entscheiden.
Haben Sie sich für ein Anzeigenformat entschieden, gehen Sie zum Abschnitt „Medien“ und legen Sie dort die Art der Gestaltung aus.
Nun müssen Sie den Text für Ihre Werbeanzeige erstellen und hinzufügen. Werbeanzeigen auf Facebook sind kostenpflichtig. Daher müssen Sie, wenn alle Einstellungen vorgenommen sind, die Bestellung aufgeben, um Sie bei Facebook in Auftrag zu geben.
Im Falle einer erstmaligen Bestellung werden Sie nun aufgefordert, Ihre Zahlungsoptionen einzugeben. Es werden alle gängigen Kreditkarten, PayPal und Lastschrift vom Konto akzeptiert.

Die wesentlichen Unterschiede zum Power-Editor

Die Aufschlüsselungen der Werbeanzeigen
Die Tabellen im Werbeanzeigenmanager führen alle Werbeanzeigen in einem sogenannten Werbekonto auf. Durch die Erstellung von Kategorien wie das Alter der Zielgruppe können Sie diese zielgenau ansprechen. Dadurch wird es möglich, den Erfolg der Werbemaßnahmen zu messen und zu sehen, ob Sie Ihre festgelegten Ziele erreicht haben.

Die Anzeige Ihres kompletten Werbeauftritts
Im Punkt Kontoübersicht sehen Sie die Zusammenfassung aller Werbeaktivitäten, können deren Wirkung ermitteln und Statistiken einsehen, um künftige Kampagnen besser planen zu können.

Noch ein paar Informationen zu den Kosten, die auf Sie zu kommen

Wenn Sie mit Ihren Werbeanzeigen beginnen, haben Sie die Auswahl zwischen einem Tages- oder einem Laufzeitbudget. Außerdem legen Sie bereits zu Beginn fest, welches Budget Ihr Konzept haben soll. Der

Minimalbetrag liegt bei den meisten Anzeigenformaten zwischen 1,00 und 5,00 EURO. Die Kosten können je nach Anwendung aber auch höher sein. Das Budget, die Art des ausgewählten Gebots, die Zielgruppen, die angesprochen werden sollen, insbesondere, ob sie groß oder klein sein sollen, spezielle Interessen haben sollen sowie demografische Daten bestimmen, wie viele Nutzer Ihre Anzeige tatsächlich sehen, und haben Einfluss auf Ihr Budget.
Wenn Sie sehen möchten, ob und wie Ihr Budget, die Zielgruppe und auch weitere Faktoren die Zahl der möglicherweise zu erreichenden Personen beeinflusst, können Sie die Funktion der „Beworbenen Beiträge“ ausprobieren.
Rufen Sie dazu Ihre Seite auf und wählen Sie die entsprechende Anwendung. Suchen Sie sich die Einstellungen für die zu prüfende Zielgruppe aus. Legen Sie dann ein Budget fest und prüfen Sie unter „Geschätzte erreichte Personen“ den Wert, der dabei herauskommt. So erfahren Sie bereits vorher, wie viele Personen mit dem gewählten Budget und den entsprechenden Einstellungen in etwa erreicht werden können. Wenn Sie die Werbung doch nicht einstellen wollen, brechen Sie den Vorgang einfach ab.
Ansonsten legen Sie nun das Budget und den Zeitplan fest und rufen den Punkt „Geschätzte tägliche Reichweite“ auf. Hier wird Ihnen die geschätzte Größe der durch die Werbeanzeige täglich erreichten Personen angezeigt.

3.2.: Der Power-Editor

Den Power-Editor finden Sie über das Menü des Business-Managers.
Er ist folgendermaßen aufgebaut: Oben links sehen Sie die Werbekonten. Für den Fall, dass Sie mehrere Konten unterhalten, können Sie dasjenige auswählen, welches Sie gerade bearbeiten möchten. Sie haben die Möglichkeit, das Werbekonto nach Kampagnen, Anzeigengruppen oder Anzeigen zu durchsuchen. Außerdem können Sie unterschiedliche Filter nutzen, mithilfe derer Sie die Ansicht Ihres Werbekontos einschränken können. Diese Funktion nennt sich „Schneller Entwurf“.
Die Kampagne wird hier direkt nach Erstellung des Entwurfs im Hauptmenü des Power-Editors in einer entsprechenden Liste angezeigt. Danach können Sie sämtliche Einzelheiten der Kampagne wie zum Beispiel das Budget oder den Zeitplan hierfür festlegen.

Die einzelnen Schritte sind ganz einfach und schnell erledigt:
Rufen Sie den Power-Editor auf.
Gehen Sie auf die Anwendung „Kampagne erstellen“.

Tipp: Je nachdem, was Sie gerade bearbeiten, können Sie hier auch die Möglichkeiten „Anzeigengruppe erstellen“ oder „Werbeanzeige erstellen“ wählen.
Wenn Sie eine bereits bestehende Kampagne bearbeiten oder erneut nutzen möchten, wählen Sie im Menü nun „Bestehende Kampagne verwenden“. Möchten Sie eine Neue erstellen, gehen Sie folgerichtig auf „Neue Kampagne erstellen“. Achten Sie darauf, dass eine neue Werbeanzeige immer mit einer neuen oder bestehenden Kampagne oder Anzeigengruppe verknüpft werden muss.
Wählen Sie eine Option aus, das könnte bei neuen Kampagnen zum Beispiel die Buchungsart und das Ziel sein und geben Sie Ihrer Kampagne, Anzeigengruppe oder Werbeanzeige einen Namen.
Danach klicken Sie einfach auf „Erstellen“.

Es gibt mehrere Gründe, die für den Einsatz des Power-Editors sprechen

1. Sobald bei Facebook neue Funktionen rund um Werbeanzeigen zur Verfügung stehen, erhalten Sie diese im Power-Editor zu aller erst. Im Werbeanzeigenmanager stehen Änderungen oft erst Wochen später zur Verfügung.
2. Sie können häufig verwendete Zielgruppen als Vorlage speichern und später bei anderen Anzeigen erneut verwenden. Dadurch sparen Sie einerseits Zeit und vermeiden andererseits auch Fehler, die zum Beispiel durch Routineaufgaben entstehen können.
3. Die Auswahl Ihrer Platzierungen ist wesentlich einfacher, als beim Werbeanzeigenmanager. Sie können Ihre Werbeanzeigen zum Beispiel für eine ausschließlich mobile Funktion auswählen oder festlegen, dass nur Nutzer, die sich gerade im WiFi-Netz bewegen, erreicht werden sollen. Insbesondere, wenn Sie Videos verwenden, kann dies von Vorteil sein.
4. Über den Power-Editor können Sie alle „normalen“ Beiträge wie Statusmeldung, Fotos, Videobeiträge und so weiter ganz einfach auf Ihrer Seite veröffentlichen. Sie können die Elemente manuell eingeben, aber auch zusätzlich Call-to-Action-Buttons hinzufügen. Dieses Format ist beim Werbeanzeigenmanager nicht möglich.
5. Vor allem für Unternehmen, die häufiger Werbeanzeigen bei Facebook einstellen wollen, ist der Power-Editor überaus geeignet. Mehrere Werbeanzeigengruppen und die darin enthaltenen Werbeanzeigen können Sie wesentlich schneller und effizienter einstellen. Sie können komplette Werbeanzeigengruppen mit den enthaltenen Anzeigen kopieren und wieder einfügen, so oft Sie

mögen. Damit gelingt es denkbar einfach, jeweils unterschiedliche Zielgruppen und Platzierungen immer wieder anzupassen.

6. Genau so effizient und einfach ist das Kopieren und nochmalige Verwenden von bereits bestehenden Kampagnen. Wenn Sie immer wieder eine ähnliche Aktion starten möchten, können Bestehende kopiert und so einfach und unter Umständen etwas verändert wieder eingestellt werden. Sie können sich Vorlagen anlegen, um diese schnell und einfach übernehmen zu können. Eine aufwendige, erneute Erstellung ist nicht nötig.
7. Eine sehr große Hilfe, insbesondere, wenn Sie gerade mit der Nutzung von Facebook beginnen, besteht in der Organisation Ihrer Kampagnen, Werbeanzeigengruppen und Werbeanzeigen durch entsprechende Tags. Mit Filtermöglichkeiten und Suchfunktionen können finden Sie die Tags schnell auf und können sie direkt für Ihre Organisation verwenden.
8. Der Power-Editor bietet in nahezu allen Funktionen mehr, als der Werbeanzeigenmanager. Alle Einstellungen können wesentlich genauer vorgenommen werden.
   So kann zum Beispiel im Power-Editor eine Vorhersage über die Größe der Zielgruppe angestellt werden. Während der Werbeanzeigenmanager als kleinsten Wert für eine Zielgruppe 1.000 Personen angibt, wird beim Power-Editor auch eine kleinere Zielgruppe angezeigt.
9. Wenn Sie mit vielen Werbeanzeigengruppen und Werbeanzeigen arbeiten, kennen Sie die
   Probleme im Zusammenhang mit einer richtigen Beschriftung, die auch Sinn macht. Im Power-Editor können Sie die Beschriftung von Werbeanzeigengruppen oder einzelnen Werbeanzeigen automatisch durch Ihre entsprechenden Einstellungen und Vorgaben wählen.
10. Da der Power-Editor auf einer Google-Chrome-Anwendung basiert, kann er komplett
    kostenfrei heruntergeladen werden. Dafür funktioniert er aber auch nicht auf mobilen Endgeräten, sondern nur auf einem Computer.

Die ersten Schritte im Power-Editor sind sicherlich nicht ganz einfach. Bedenken Sie aber, dass Sie ihn zunächst in einer geschützten Umgebung ausprobieren können, ohne dass irgendetwas online erscheint. Mit etwas Übung werden Sie ihn nicht mehr missen wollen, da er wesentlich mehr Möglichkeiten und Potenzial für Unternehmen anbietet. Sie können Ihre Aktionen wesentlich effizienter bearbeiten, als es im Werbeanzeigenmanager möglich ist. Wenn Sie sich eine Zeit lang mit beiden

Formaten beschäftigen, werden Ihnen die Unterschiede sowohl die Vor- und Nachteile schnell klar werden.

3.3.: Ihre Checkliste

Wenn Sie Social Media für Werbeanzeigen nutzen möchten, hilft Ihnen eine Checkliste dabei, Ihre täglichen, wöchentlichen und monatlichen Aufgaben immer im Blick behalten zu können.

Täglich:

- Beantwortung der Mitteilungen und Anfragen sowie Reaktion auf hinterlassene Kommentare
- Verfolgen von Posts auf anderen Netzwerken und eine spontane Reaktion darauf
- aktuelle Kennzahlen analysieren
- Interaktion mit anderen Seiten oder Gruppen: in eine Diskussion einsteigen, auf neue Trends kurzfristig reagieren
- geplante Posts auf ihre Aktualität hin überprüfen

Wöchentlich:

- Vorbereitung und Planung der Posts für die nächste Woche
- Überprüfung der Reichweite, Interaktionen und Entwicklungen der wöchentlichen Aktionen sowie Beobachtung und Beurteilung der Aktionen Ihrer Mitbewerber
- interne Besprechungen für zukünftige Aktionen
- weitergehende und neue Informationen über aktuelle Entwicklungen in den sozialen Medien checken

Wenn Sie es schaffen, diese Checkliste oder zumindest die Teile, die Sie zeitlich auch erledigen können, für den Auftritt Ihres Unternehmens bei Facebook in Ihren Tages- beziehungsweise Wochenablauf zu implementieren, haben Sie die notwendigen Aktionen wesentlich besser im Griff und können gezielter vorgehen, als wenn Sie „einfach so drauf losorganisieren".

Viertes Kapitel: Definieren Sie Ihre Zielgruppe

Das ist tatsächlich einer der größten Vorteile bei Facebook: Sie können eine genau definierte Zielgruppe ansprechen. Aber wie schafft es Facebook, Ihnen diese Informationen zur Verfügung zu stellen? Zunächst einmal verschafft sich Facebook durch das Verhalten Ihrer User, zum Beispiel

durch verschiedene Likes, einen kompletten Überblick über deren Interessen. Da viele Nutzer in ihrem Profil eine große Datenmenge über sich selbst wie Alter, Geschlecht, Nationalität und Beruf angeben sowie häufig auch ihren Standort posten, stehen ausreichend Informationen zur Verfügung, um sie in bestimmte Kategorien einzusortieren. Diese Kategorien können Sie abrufen.
Zur Information, welche Parameter Facebook zur Anzeige Ihrer Werbung verwendet, gehen Sie einfach in die Einstellungen Ihres Profils und klicken dann auf „Werbeanzeigen". Unter „Einstellungen für Werbeanzeigen" können Sie die verwendeten Informationen abrufen und genau erkennen, zu welchen Interessensgebieten Ihre Werbeanzeigen gezeigt werden.
Erhalten Sie selbst eine Werbeanzeige, können Sie den Hintergrund hierfür ebenso schnell erfahren. Ein Klick auf den Pfeil in der rechten Ecke Ihres Profils „Warum wird mir das angezeigt", liefert Ihnen direkt die gewünschte Information.

Als Werbetreibender haben Sie folglich die Möglichkeit, bei der Erstellung von Anzeigen ausschließlich die Facebook-Nutzer anzusprechen, die definitiv mit Ihrer Zielgruppe übereinstimmen.
Als Hersteller von Mobiliar und Interieur könnten Sie beispielsweise die Einkäufer großer Möbelhäuser als Zielgruppe auswählen.
Bieten Sie angesagte, trendy Konfektionsmode an, bietet es sich an, über die Altersgruppe zu gehen und so weiter.
Sie sollten daher vorher Ihre Zielgruppe genauer eingrenzen, damit Ihre Werbeanzeigen nicht allzu weit ins Leere laufen.

Aber es gibt neben den demografischen und interessensbedingten Einschränkungen noch weitere Möglichkeiten, und zwar die sogenannten Custom- und Lookalike-Audiences, die wir uns jetzt etwas genauer anschauen werden.

4.1.: Die Custom-Audience

Eine Custom-Audience ist die Zielgruppe, die Sie selbstständig anlegen und definieren können.
Hierzu kann ich Ihnen insgesamt vier Möglichkeiten anbieten:
Laden Sie eine Liste Ihrer bereits bestehenden Kundendaten hoch. Gewährleisten Sie dabei einen umfassenden Datenschutz, da in Ihrer Bestandskundenliste sicherlich auch E-Mail-Adressen und Telefonnummern enthalten sind.
Prüfen Sie, welche Besucher auf Ihrer Website waren. Diese können Sie gezielt immer wieder ansprechen. Dazu muss jedoch der Facebook-Pixel auf Ihrer Website hinterlegt sein. Facebook kann dadurch feststellen, welche

User Ihre Seite besucht haben und Ihnen diese Daten zur Verfügung stellen. Sie können dann diese Besucher erneut ansprechen. Machen Sie das bitte nicht zu oft, die Nutzer könnten sich dadurch verfolgt fühlen.
Nutzen Sie eine Facebook-App auf einem mobilen Endgerät? In dem Fall können Sie die Aktivitäten der Nutzer innerhalb dieser App als Grundlage für Ihre Custom-Audience heranziehen. User, die die App über einen längeren Zeitraum nicht genutzt haben, können so gezielt angesprochen werden.
Die vierte Möglichkeit, sich ein Publikum zusammenzustellen, besteht darin, regelmäßig auf Facebook zu interagieren. Nachdem Sie zum Beispiel ein Video veröffentlicht haben, ist es möglich, nach einer gewissen Zeit eine Audience aus Personen zu erstellen, welche sich Ihr Video zu mehr als 50 % angesehen hat.

4.2.: Nutzen Sie das sogenannte Retargeting

Unter Retargeting versteht man Werbeaktionen, mit denen man gezielt Personen ansprechen kann, die schon vorher in irgendeiner Weise mit Ihrem Unternehmen Kontakt hatten. Damit setzen Sie die bereits beschriebenen Custom-Audiences besonders sinnvoll und gezielt ein. Zahlreiche Unternehmen nutzen das Retargeting leider falsch: Wenn ein Kunde beispielsweise online ein Produkt, nehmen wir einen Fernseher, gekauft hat, bekommt er nach dem Kauf im Onlineshop immer wieder Werbeanzeigen für Fernseher, allein aus der Liste der Interessen. Das ist kontraproduktiv. Wer kauft schon drei Fernseher in einem Monat? Die Nutzer, die diese Werbung immer wieder erhalten, werden schnell genervt sein. Sinnvoller wäre es, bestimmte Add-ons anzubieten, wie zum Beispiel die passende Wandhalterung oder eine TV-Beleuchtung. Anders sieht es selbstverständlich bei Produkten aus, die sich schnell verbrauchen. Hier kann eine Erinnerung dann und wann nicht schaden.

4.3.: Die Lookalike-Audience

Eine Lookalike-Audience wird von Facebook auf einer anderen Grundlage erstellt, beispielsweise auf einer für Sie bereits bestehenden Zielgruppe. Dabei wird eine repräsentative Auswahl aller Facebook-Nutzer in Deutschland betrachtet, die einer Ihrer bereits bestehenden Zielgruppe sehr ähnelt. Diese Information macht es Ihnen sehr einfach, auch Personen, die bislang noch nie auf Ihrer Seite waren, anzusprechen. Aufgrund statistischer Berechnung ist es sehr wahrscheinlich, dass diese Personen ebenfalls ein Interesse an Ihren Produkten entwickeln.

Fünftes Kapitel: So bauen Sie eine Facebook Kampagne auf

Sie haben nun die wichtigsten Grundlagen für Ihr erfolgreiches Facebook-Marketing kennengelernt. Im nächsten Schritt möchte ich mir mit Ihnen zusammen die Struktur der Anzeigen genauer ansehen.
Die Anzeigenkampagnen auf Facebook sind in drei Ebenen eingeteilt: in Kampagnen, Anzeigengruppen und als kleinste Einheit die Anzeigen.

Kampagnen:
Kampagnen sind die höchste Gliederungseinheit für Ihr Facebook-Marketing. Hier legen Sie Ihre Ziele wie zum Beispiel die Anzahl der Klicks oder Likes fest. Alle weiteren Untergliederungen müssen mit den hier festgelegten und definierten Bedingungen korrespondieren.

Anzeigengruppen:
In einer Kampagne können Sie so viele Anzeigengruppen generieren, wie Sie mögen. Sie definieren dort die Zielgruppen, den Zeitraum der Postings, das Budget und auch die Platzierung Ihrer Anzeigen. Die Bedingungen, die Sie hier festlegen, gelten auch hier wieder für alle Untergruppen.

Anzeigen:
Die Anzeigenebene ist die unterste Ebene. Hier legen Sie fest, wie Ihre Anzeigen tatsächlich aussehen sollen. Welches Format möchten Sie wählen? Wie sollen die Texte aussehen, die Sie verwenden werden? Welche Fotos oder Videos sollen Ihre Nutzer sehen?

5.1.: Wählen Sie ein Anzeigenformat

Bei Facebook bekommen Sie mehrere unterschiedliche Anzeigenformate angeboten, die für sich genommen alle hervorragend funktionieren. Es kommt jedoch immer darauf an, welchen Zweck Sie mit Ihrer Anzeige verfolgen.

Carousel:
Carousel oder das Karussell bietet Ihnen die Möglichkeit, mehrere Bilder mit einer kurzen Bildunterschrift einzustellen. Sie sollten dieses Format wählen, wenn Sie mehrere Produkte präsentieren möchten. Sie sollten jedoch darauf achten, dass die Fotos gut zueinanderpassen, damit sie einen harmonischen Gesamteindruck beim Betrachter hinterlassen.

Einzelne Bilder:
Unter diesem Format versteht man das typische Link-Postings. Wahrscheinlich kennen Sie das von Ihrem privaten Account. Die Anzeige besteht eigentlich nur aus einem kurzen Text, zusammen mit einem Bild,

einer Beschreibung des Fotos sowie der Facebook-URL. Wenn Sie mögen, können Sie mit diesem einfachen Post auch Handlungsaufforderungen verbinden, zum Beispiel „jetzt einkaufen“ oder „jetzt registrieren“. Diese Handlungsaufforderungen werden mit einem entsprechenden Button verbunden, die von Ihren Nutzern angeklickt werden können.

Einzelne Videos:
Prinzipiell funktioniert diese Anwendung exakt so, wie die der einfachen Bilder, nur, dass anstatt eines Fotos eben ein Video hochgeladen wird. Sehr komfortabel wäre es, wenn Sie Untertitel einspielen würden: viele Nutzer schauen sich Videos nämlich grundsätzlich ohne Ton an.

Slideshow:
Mit der Slideshow können Sie mehrere Bilder oder Videos zusammenschneiden und diese als Videoschleife abspielen.

Canvas:
Canvas ist die mit Abstand komplexeste Möglichkeit, Ihre Anzeigen zu gestalten und nur für mobile Endgeräte gedacht. Die eigentliche Anzeige besteht dabei aus einem normalen Post-Text mit einem Bild, begleitet durch einen kurzen Titel. Am unteren Rand des Bildes befindet sich ein kleiner Pfeil, der Ihre Nutzer neugierig machen soll, den Canvas anzuklicken. In diesem Canvas können Sie unterschiedliche Grafiken, Videos, Texte oder Buttons einfügen und, wenn Sie wollen, so miteinander kombinieren, dass daraus eine kleine Geschichte entsteht.
Bei allen Anzeigen, die Bilder enthalten, können Sie natürlich Ihre eigenen Fotos verwenden und diese aus dem Fotoalbum hochladen. Sie haben aber auch die Möglichkeit, professionelle Fotos aus den entsprechenden Shops zu verwenden. Schauen Sie sich etwas um, viele dieser Shops bieten kostenlose Fotos an. Eines sollten Sie auf jeden Fall sicherstellen: Ihre Fotos und Videos sollten von guter Qualität sein.

5.2.: Darum sollten Sie auch mit Videos werben

Videos sind derzeit (Stand März 2017) eines der erfolgreichsten Formate für eine Facebook-Anzeige. Damit macht Facebook mittlerweile sogar großen Plattformen wie zum Beispiel YouTube durchaus Konkurrenz.
Man kann es nicht oft genug erwähnen: Facebook ist ein visueller Kanal und ein gut gemachtes Video spricht die Nutzer häufig mehr an, als der bestmöglich formulierte Text. Die Videos werden auf mobilen Endgeräten zunächst einmal ohne Ton abgespielt, daher sind die ersten Sekunden ganz entscheidend. Sie sollten die Nutzer dazu animieren, das Video bis zum Ende anzuschauen.

Von Facebook wurde Ende 2016 gemeinsam mit der Gesellschaft für Konsumverhalten (GfK) eine Studie zur Videowerbung erstellt. Das Ergebnis war, dass Facebook-Spots tatsächlich erfolgreicher sind, als die im Fernsehen. Laut Studie liegt das im Wesentlichen daran, das Facebook eine exakte Auswahl der jeweiligen Zielgruppe ermöglicht. Bei Facebook schauen 91,5 % der Zielgruppe die Werbespots, während die im TV lediglich 43,1 % erreichen. Durch die Studie konnte damit der Nachweis erbracht werden, dass Werbekampagnen wesentlich erfolgreicher und deutlich effektiver sind.

5.3.: Lehnen Sie sich zurück und beurteilen Sie Ihr Marketing

Bei Facebook steht ein sehr detailliertes Reporting zu den geschalteten Anzeigen deutlich im Vordergrund. Sie können sich daher auf allen Ebenen Ihres Handelns alle relevanten Kennzahlen ansehen und nach Ihrem Wunsch sortieren. Sicherlich werden Sie im Reporting auch Kennzahlen finden, die für Sie persönlich nicht ganz so interessant sind: Ignorieren Sie diese einfach, da Sie sich bei der großen Menge an Daten, die Facebook Ihnen zur Verfügung stellt, schnell in diesen für Sie uninteressanten Zahlen verlieren können und Ihr Ziel aus den Augen verlieren. Planen Sie Ihre Auswertungen daher strategisch, um immer auf dem Laufenden zu sein. Vor allem planen Sie zielorientiert.
Wenn Ihr Ziel so definiert ist, den Besucherstrom, den Traffic auf Ihrer Seite zu erhöhen, ist die Auswertung über die Klicks wahrscheinlich wichtig. Für andere Ziele gibt es entsprechend auch andere Statistiken.

Sechstes Kapitel: Diese Fehler müssen Sie unbedingt vermeiden

Wenn Sie mit Ihrem Unternehmen nicht auf Social Media unterwegs sind, verpassen Sie tatsächlich etwas. Diejenigen unter Ihnen, die eine Facebook-Seite betreiben, können jedoch auch sehr Vieles falsch machen.
Was sollten Sie also unbedingt vermeiden?

1. Zu wenig posten
Einer der häufigsten Fehler, den Unternehmen begehen können, geschieht meistens von selbst und bei weitem nicht absichtlich. Sie posten zu wenig. Das ist sogar verständlich, weil Unternehmen oftmals einfach nur die Zeit fehlt, sich regelmäßig um ihren Account zu kümmern. Aber eine Seite, die am Leben gehalten werden soll, muss auch das Futter dafür erhalten. Es kann nur sehr schwer verallgemeinert werden, wie oft ein Unternehmen

posten sollte, eine Richtlinie existiert hierfür nicht. Sie müssen ein Gefühl dafür bekommen und das gelingt Ihnen nur, wenn Sie es auch tun. Versuchen Sie einmal, zwei oder drei Posts in der Woche zu veröffentlichen.

2. Zu viel posten
Genauso kontraproduktiv kann es sein, wenn zu viel gepostet wird. Manche Menschen treiben es da wirklich auf die Spitze: Es wird gepostet auf Teufel komm raus, und es vergeht kaum eine Stunde zwischen den einzelnen Beiträgen. Bei Unternehmen ist es zwar eher umgekehrt, aber halten Sie sich etwas zurück. Bei zu vielen Posts sind Fans schnell genervt und abonnieren Ihre Seite möglicherweise nicht weiter.

3. Alte Inhalte posten
Stellen Sie unbedingt sicher, dass Ihre Beiträge aktuell sind. Nichts ist schlimmer, als alte Posts, die Sie schon einmal veröffentlicht haben, noch einmal zu veröffentlichen. Glauben Sie mir, die Community merkt das sofort und langweilt sich schnell. Wenn Sie gerade keine News haben, posten Sie lieber mal eine kurze Zeit gar nichts.

4. Der falsche Zeitpunkt
Der größte Teil der Facebook-User ist am Abend online. Allerdings ist auch das durchaus von der Zielgruppe abhängig. Wenn Ihre Zielgruppe zum Beispiel Schüler wären, sollten Sie am Morgen nichts posten. Auch Menschen, die in Nachtschicht arbeiten, können Sie auch mit den schönsten Beiträgen nicht begeistern, wenn Sie sie morgens online stellen. Sie verstehen, was ich damit meine. Posten Sie frühestens am Nachmittag oder abends, dann ist die Wahrscheinlichkeit groß, dass Sie wahrgenommen werden. Ein kleiner Tipp am Rande: Wenn Sie auf das kleine Uhrensymbol klicken, geben Sie Ihrem Beitrag einen bestimmten Termin und können ihn damit steuern.

5. Knapp vorbei, ist auch daneben
Achten Sie bei Ihren Beiträgen darauf, dass diese auch wirklich für Ihre Zielgruppe interessant sind. Zählen beispielsweise Autohäuser zu Ihren Fans, posten Sie Dinge rund ums Auto: Reifen, Winterinspektionen, Tuning und so fort. Urlaubsfotos oder Bilder Ihres (sicherlich schönen) Gartens kommen da nicht so gut an. Bringen Sie das, was Ihre Fans sich von Ihnen erhoffen.

6. Ausschließlich eigene Inhalte
Posten Sie ausschließlich Ihre eigenen Inhalte wie zum Beispiel einen Blog, müssen Ihre Inhalte schon außerordentlich interessant sein, dass Sie tatsächlich Ihre Zielgruppe zufriedenstellt. Hin und wieder sollten Sie einen

Link zu fremden Beiträgen zur Verfügung stellen. Bleiben wir bei dem Beispiel Auto. Was spricht dagegen, einen Link zu einer neuen Reifenmarke einzufügen? Die Fremdinhalte sollten natürlich etwas mit Ihrem Unternehmen zu tun haben. Und wenn Sie einen Link für ein Produkt einfügen, sollten Sie dieses Produkt auch auf Vorrat haben. Aber auch, wenn das in seltenen Fällen nicht so ist: Wenn Sie Dinge posten, die Sie selbst gut finden, wirken Sie auf Ihre Fangemeinde wesentlich authentischer. Es kommt auf einen relativ ausgeglichenen Mix an. Dieser Ausgleich ist bisweilen nicht ganz so leicht herzustellen. Überprüfen Sie doch einmal, wie Ihre Posts bei den Fans ankommen.

7. Ausschließlich fremde Inhalte
Die gleiche Wirkung erzielen Sie, wenn Sie fast ausschließlich fremde Inhalte posten. Sie verfehlen Ihr Ziel, weil Sie ja eigentlich beabsichtigen, dass Ihre Fans auch Ihre Firmen-Website besuchen. Das erreichen Sie nicht mit zu vielen fremden Links, stellen Sie Ihr Licht bloß nicht unter den Scheffel. Posten Sie auch Ihre eigenen Werbungen, Aktionen und Sonderrabatte. Nichts spricht dagegen.

8. Das ist alles nur geklaut...
Fast jeder macht es und fast jeder weiß, dass er es eigentlich nicht darf: Sie posten Bilder, die Sie von einer fremden Webseite kopiert haben, auf der eigenen Seite. Sehr häufig sind die Fotos im WWW nach Urheberrecht geschützt und es ist Ihnen nicht erlaubt, sie für Ihre eigenen Beiträge zu verwenden. Tun Sie es trotzdem, kann unter Umständen eine Abmahnung die Folge sein und das kann teuer werden, glauben Sie es mir. Mittlerweile gibt es regelrechte „Abmahnanwälte", die den ganzen Tag nichts anderes machen, als das Web nach „geklauten" Inhalten zu durchsuchen. Daher lassen Sie es besser sein, es sei denn, Sie haben die ausdrückliche Erlaubnis des Urhebers.

9. Das Impressum fehlt
Gewerbliche Nutzer sind in Deutschland verpflichtet, im Internet ein Impressum anzugeben. Vergessen Sie dies, laufen Sie ebenfalls auf direktem Wege in die Abmahnfalle. Auch auf Facebook herrscht Impressumspflicht.

10. Das Feedback zum Feedback
Stellen Sie sich vor, Sie haben es geschafft und eine Fangemeinde um sich geschart, die sogar hin und wieder auf Ihre Inhalte reagiert und Kommentare hinterlässt. Wie würden Sie selbst reagieren, wenn Ihr Kommentar ins Leere laufen würde? Richtig, Sie würden kein Feedback mehr hinterlassen. Selbst bei einem negativen Kommentar sollten Sie Ruhe

bewahren und freundlich darauf antworten, bloß nicht ignorieren. Das verschafft Ihnen bei Ihren Nutzern den Respekt, den Sie verdienen.

11. Die falsche Ansprache
Ist Ihre Zielgruppe eher konservativ und geschäftlich unterwegs? Dann sollten Sie diese nicht mit „du" ansprechen. Versuchen Sie auch bei der Ansprache die Bedürfnisse Ihrer Fans zu befriedigen. Bewegen Sie sich immer auf Augenhöhe.

12. Kommentare auf der Pinnwand entfernen
In den Einstellungen können Sie festlegen, ob Ihre Besucher Kommentare hinterlassen dürfen. Das birgt ein gewisses Risiko, weil Sie nicht vorhersehen können, ob die Reaktionen positiv oder negativ sind. Schnell verlieren Sie die Kontrolle über Ihre Inhalte. Wenn Sie diese Funktion jedoch eingestellt haben, müssen Sie mit den Kommentaren leben. Entfernen Sie sie auf keinen Fall, irgendwer hat sie bis dahin sowieso gelesen. Antworten Sie stattdessen besser freundlich und kompetent. Damit demonstrieren Sie Ihre Professionalität und das sorgt für mehr Aktivität auf Ihrer Seite. Sollten Sie doch einmal etwas unbedingt löschen müssen, machen Sie das vorsichtig und mit Bedacht.

13. Keinerlei Hinweise auf Ihre Seite
Ihre Seite bringt Ihnen rein gar nichts, wenn sie keiner kennt beziehungsweise besucht. Daher müssen Sie schon bekannt machen, dass Sie eine Facebook-Seite haben. Auf Ihrer Firmenhomepage, Visitenkarten oder Flyern können Sie idealerweise einen Hinweis hinterlassen. Auch Autowerbung oder ein Hinweis in Ihrer E-Mail-Signatur kann hilfreich sein.

14. Mit Facebook erzielen Sie ohne Umweg neue Umsätze
Glauben Sie das nicht, Sie werden enttäuscht werden. Social Medias sind zwar hervorragende Kanäle, um Werbung gezielt zu verbreiten und haben damit einen größeren Radius als Ihre Firmenwebsite, trotzdem werden sich nicht sofort neue Umsätze generieren lassen. Facebook versteht sich eher als Kommunikationsplattform. Natürlich werden Ihre Fans sich irgendwann auch auf Ihrer Homepage umsehen, aber mit ausschließlichen Werbe-Posts werden Sie das nicht erreichen. Wie so oft ist hier der richtige Mix das Zauberwort. Durch interessante Unterhaltungen auf Ihrer Pinnwand leiten Sie jedoch die Aufmerksamkeit auf sich und Ihr Unternehmen.

Sie sehen, dass es bisweilen nicht ganz einfach ist, den Erfolg eines Unternehmens zu befeuern. Gehen Sie mit Bedacht vor und überlegen Sie sich vorher genau, was Sie mit Ihren Beiträgen bezwecken wollen. Mit dieser „No-Go-Liste“ werden Sie es sicherlich schaffen, ein Gefühl dafür zu bekommen, was geht und was nicht.

Fazit

Wenn Sie das Buch bis zum Ende gelesen haben, wissen Sie nun, das Facebook Ihnen einige Vorteile bietet, die Sie nicht unterschätzen sollten. In Zeiten der Digitalisierung suchen die Menschen ihre Informationen zunehmend im Internet. Daher ist es auch für den Mittelstand und für kleinere Firmen oder den stationären Einzelhandel interessant und lohnenswert, sich auf Facebook zu präsentieren. Durch die Bank profitieren alle von der enormen Reichweite, die Facebook bietet. Außerdem ist eine Seite in der Regel leicht und schnell erstellt. Zudem ist sie kostenlos und wo findet man heute noch eine Plattform, auf der eine kostenlose Werbung möglich ist? Entscheidend ist, dass Ihre Zielgruppe ebenfalls auf Facebook unterwegs ist, damit Ihr Auftritt auch den gewünschten Erfolg erzielt.
Auch Experten sind mittlerweile der festen Überzeugung, dass Facebook für Unternehmen funktioniert. Trotzdem sind viele Unternehmen unzufrieden mit der Wirkung ihres Facebook-Auftritts. Machen Sie nicht den Fehler und gehen mit unrealistischen Erwartungen in Ihr Facebook-Zeitalter. Treffen Sie die eine oder andere Vorsichtsmaßnahme und verlassen Sie sich nicht ausschließlich auf Ihre Präsenz in Social Media. Eine ausgewogene Balance zwischen Ihrer herkömmlichen Marketingstrategie in Verbindung mit einem Facebook-Auftritt wird nach einer gewissen Zeit zu den gewünschten Zielen führen.

Ich wünsche Ihnen viel Erfolg dabei!

24072373R00025

Printed in Poland
by Amazon Fulfillment
Poland Sp. z o.o., Wrocław